BEI GRIN MACHT SICH IHR WISSEN BEZAHLT

David Jugel

Gruppenunterricht - fachlich gelobt und praktisch vergessen

GRIN Verlag

Bibliografische Information der Deutschen Nationalbibliothek:

Die Deutsche Bibliothek verzeichnet diese Publikation in der Deutschen National-
bibliografie; detaillierte bibliografische Daten sind im Internet über http://dnb.d-
nb.de/ abrufbar.

Impressum:

Copyright © 2010 GRIN Verlag, Open Publishing GmbH
Druck und Bindung: Books on Demand GmbH, Norderstedt Germany
ISBN: 978-3-640-82340-6

Dieses Buch bei GRIN:

http://www.grin.com/de/e-book/166105/gruppenunterricht-fachlich-gelobt-und-
praktisch-vergessen

GRIN - Your knowledge has value

Der GRIN Verlag publiziert seit 1998 wissenschaftliche Arbeiten von Studenten, Hochschullehrern und anderen Akademikern als eBook und gedrucktes Buch. Die Verlagswebsite www.grin.com ist die ideale Plattform zur Veröffentlichung von Hausarbeiten, Abschlussarbeiten, wissenschaftlichen Aufsätzen, Dissertationen und Fachbüchern.

Besuchen Sie uns im Internet:

http://www.grin.com/

http://www.facebook.com/grincom

http://www.twitter.com/grin_com

Fakultät für Erziehungswissenschaften

Seminar: **Unterricht und allgemeine Didaktik**

Wintersemester 2009/2010

Seminararbeit zum Thema:

„Gruppenunterricht"

- fachlich gelobt und praktisch vergessen -

Vorgelegt von: **David Jugel**

Studiengang: Lehramtsbezogener Bachelor-Studiengang
        für Allgemeinbildende Schulen
        Geschichte
        Gemeinschaftskunde/Rechtserziehung/Wirtschaft
        3. Fachsemester

Datum: 07.12.2009

Inhalt

1. Einführung

Förderung von Eigenverantwortung, sozialer, sprachlicher und kommunikativer Kompetenzen, Selbstständigkeit, Demokratisierung, soziometrische Aushandlungsfähigkeit, Teamfä-
higkeit, Konstruktionsfähigkeit, Individualisierung, Mitbestimmungsfähigkeit, Solidaritätsfä-
higkeit, Kritikfähigkeit, Kreativität... Die Liste von Vorteilen und Chancen, welche dem Gruppenunterricht zugeschrieben werden, lässt sich beliebig fortsetzen und durch zahlreich er-
schienene Fachliteratur belegen (vgl. u.a. Nürnberger Projektgruppe 2007: 11f; Klafki 1993:
54; Gudjons 1993: 42).

Der Mehrwert von Gruppenarbeit ist jedoch keinesfalls Forschungsergebnis der letzten
Jahrzehnte, vielmehr nutzten schon die Reformationsschulen und Landschulen des 16. und
17. Jahrhunderts, die Schulen des Philanthropismus im 18. Jahrhundert und schließlich die
der Reformpädagogik des frühen 20. Jahrhunderts den Gruppenunterricht als „pädagogi-
sche-Stilform des Lehrens und Lernens"(Pallasch 1993: 111). In den Fokus der Forschung
rückte der Gruppenunterricht in der BRD hingegen erst in den 50er und 60er Jahren, nach
der durch Kurt Lewin angeschobenen Diskussion über die soziologische Bedeutung der
Gruppe bezüglich der Erziehung[1]. Ab den 70er Jahren wurde in einem zweiten Theorieschub
im Gruppenunterricht das pluralistische Gegenmoment zum lehrerzentrierten Frontalunterricht und damit eine gesellschaftliche Komponente entdeckt. (vgl. Meyer 2005: 238ff). Damit
fand der Boom um diese Sozialform vorläufig seinen Höhepunkt.

Betrachtet man nun Anwendungshäufigkeit von Gruppenunterricht bezüglich der ver-
schieden Sozialformen, ist das Ergebnis mit 7% (vgl. Gudjons 1993: 7) eher ernüchternd.
Herbert Gudjons stellt dazu fest: „Je mehr Papier über dies wichtige Thema beschrieben
wurde, desto weniger scheint die Praxis wirklich davon beeinflusst zu sein" (ebd.: 36). Ein
gegensätzliches Bild stellt sich ein, wenn man die Anwendungshäufigkeit von Frontalunterricht mit 76% (vgl. Meyer 2005: 61) der in der Fachliteratur bedingt zugeschriebenen Sinn-
haftigkeit dieser Form gegenüberstellt. Die vorliegende Arbeit stellt sich nun der Frage nach
den Gründen dieser Diskrepanz und nach den Schlüssen und Handlungsweisungen, die sich
daraus für den Lehrenden ergeben müssen. Dazu werden vorerst der Begriff und der Ablauf
des Gruppenunterrichts geklärt, um anschließend durch die Betrachtung einer Beispielstun-
de Probleme zu identifizieren und deren Lösungen zu erarbeiten. Abschließend soll auf Basis

---

[1] Lewin stellt u.a. den Zusammenhang von Gruppendynamik, Erziehung und deren Bedingungen dar (vgl. Lewin
1953)

des Untersuchungsfeldes die Natur der Diskrepanz erklärt und abschließend ihre Überwindung erörtert werden.

Dabei fußt und stützt sich die vorliegende Arbeit stark auf die Thesen von Hilbert Meyer (vgl. 2005), Herbert Gudjons (vgl. 1993) und der Nürnberger Projektgruppe (vgl. 2007). Dabei erhebt die Arbeit im qualitativen und quantitativen Rahmen der Vorgaben zwar keinen Anspruch, als wissenschaftliche Neuerkenntnis zu gelten, ferner jedoch auf die Eigenständigkeit ihrer Argumentationsstruktur und die daraus gezogenen Schlussfolgerungen.

2. Was ist eigentlich Gruppenunterricht und wie läuft er ab?

Bevor nun aber Gruppenunterricht nach seinen Phasen und der Praxisumsetzung untersucht wird, soll es wichtig sein, den Gegenstand begrifflich einzugrenzen. Die gängigste und am häufigsten zitierte Definition ist die von Hilbert Meyer: „Gruppenunterrichtist eine Sozialform des Unterrichts, bei der durch die zeitlich begrenzte Teilung des Klassenverbandes in mehrere Abteilungen arbeitsfähige Kleingruppen entstehen, die gemeinsam an der von der Lehrerin gestellten oder selbst erarbeiteten Themenstellung arbeiten und deren Arbeitsergebnisse in späteren Unterrichtsphasen für den Klassenverband nutzbar gemacht werden können." (2005: 242). Des Weiteren macht Meyer die wichtige Unterscheidung zur Gruppenarbeit, welche er als den Teil von Gruppenunterricht beschreibt, der die geleistete zielgerichtete Arbeit, soziale Interaktion und sprachliche Verständigung von Schülerinnen und Lehrerin betrifft (vgl. ebd.: 242).

Bedeutend wird diese Unterscheidung, wenn man die Phasen des Gruppenunterrichts betrachtet. Denn entgegen der begrifflich naheliegenden Annahme, dass Gruppenunterricht ausschließlich in Gruppen stattfindet, lässt sich dieser in Phasen zergliedern, die neben der Gruppenarbeit auch Elemente des Plenumsunterrichts aufweisen. Im Allgemeinen werden drei Hauptphasen genannt: „Arbeitsauftrag, Gruppenarbeit und Auswertung" (Nürnberger Projektgruppe 2007: 15). Äquivalent nennt Meyer diese Phasen ganz pragmatisch „Einleitung, Hauptteil und Schluss" (2005: 243). Bei dieser Unterteilung wird schon begrifflich deutlich, dass auf der Gruppenarbeit, dem Hauptteil, der Schwerpunkt liegt. Das Gelingen dieses Hauptteiles ist jedoch, wie bei jedem guten Buch, stark von Einleitung und Schluss, also von Arbeitsauftrag und Auswertung, abhängig. Meyer differenziert die Einleitung weiterhin in Vorstellung des Themas, Arbeitsauftrag und Gruppenbildung (vgl.Meyer 2005: 244). Ähnliche Unterteilungen lassen sich auch bei anderen Autoren finden (vgl. u.a. Nürnberger Projektgruppe 2007: 15; Gudjons 1993: 27ff). Diese Phasen laufen meist frontal ab und ihre Qualität entscheidet wesentlich darüber, ob der Gruppenunterricht gelingen kann.

Denn ist das Thema oder der Arbeitsauftrag nicht schlüssig, verfallen die Schüler oft in Passivität oder arbeiten in eine falsche Richtung. Vier übersichtliche Punkte, welche dem entgegenwirken und bei Arbeitsaufträgen zu beachten sind, hat Herbert Gudjons zusammengestellt: 1. Nutzung multivalenter Situationen[2], 2.Überschaubarkeit des Themas, 3. Allgemeine Arbeitsaufträge ohne Lösungswege zu formulieren und 4. Präsentierbarkeit der Ergebnisse (vgl. Gudjons 1993: 29).

Ist die Einführung gelungen, kann die eigentliche Gruppenarbeit beginnen. In dieser Phase ist es wichtig, dass der Lehrende sich bewusst ist, dass die Ergebnisse der Gruppenarbeit aus der Zusammenarbeit der Gruppe resultieren sollen. Welches Lehrerverhalten aus diesem Bewusstsein abzuleiten ist, soll u.a. Gegenstand des nächsten Gliederungspunktes sein. Neben dem Lehrerverhalten müssen auch die Schüler selbst entweder Kompetenzen zur Gruppenarbeit mitbringen oder noch erwerben. Im zweiten Fall ist es ratsam, mit Hilfe von gegebenenfalls zuvor gemeinsam erarbeiteten „Spielregeln" eine Arbeitsgrundlage zu schaffen (vgl. Meyer 2005: 262ff). Stimmen Schüler- und Lehrerverhalten, kann die Gruppenarbeit effizient in der bedachten Zeit vollbracht werden.

Schließlich ist es wichtig, dass das Erarbeitete in einer bestimmten Form präsentiert und ausgewertet wird. In dieser Phase lösen sich die Gruppen häufig ins Plenum auf und die präsentierenden Gruppen stellen zumeist frontal ihre Ergebnisse vor. Dabei müssen nicht alle Gruppen das gleiche Thema in gleicher Art und Weise vorstellen, sondern es gibt zahlreiche Möglichkeiten, Ergebnisse vorzustellen und zu sichern. Hier seien nur einige genannt: mündliche Zusammenfassung, Wandzeitung, Protokoll, szenische Darstellung, Streitgespräch, Expertenbefragung, fish-pool (u.a. vgl. Meyer 2005:172 ff; Gudjons 1993: 33).

3. Von den Problemen, deren möglichen Lösungen und einem erklärbaren aber nicht zu rechtfertigenden Zweifel an Gruppenunterricht

Folgend sollen zwei parallel verlaufende Versuche von Gruppenunterricht dargestellt werden, die der Gymnasiallehrer Werner Boschmann in der fünften und dreizehnten Klasse nach

---

[2]Damit meint Gudjons Situationen, welche nicht nur auf reproduktive Denkleistungen, sondern auch auf Themen, die mehrere Möglichkeiten enthalten und in mehrere Richtungen auffordern, abzielen. U.a. sind dies Kontroversen, Analysen, Vergleiche, Konstruktionen usw..

demselben Ablaufschema durchführte und inhaltsunabhängig protokolliert in Westermanns Pädagogischen Beiträgen veröffentlichte (vgl. Boschmann 1985: 10f). Anhand dieser Beispiele sollen Probleme erarbeitet und mögliche Lösungsansätze geprüft werden.

Boschmann wendet die ersten zehn Minuten seiner Doppelstunde dazu auf, die Schüler der 5. als auch der 13. Klasse an das Thema heranzuführen und die Aufgaben zu „umreißen" (Boschmann 1985: 10). Hier entstehen erste Probleme. In der jüngeren Klasse gibt es anscheinend Verständigungsprobleme, was Gruppenarbeit ist. Die beigefügten Schülerresonanzen belegen dies: „Gruppenarbeit ist doch, wenn [...] die eine Hälfte etwas macht und die andere nach Hause geht" (Stefan Kl. 5, in: Boschmann 1985, 10). Daraus resultiert auch, so Boschmann, „Chaos" bei der Gruppenbildung (vgl. Boschmann 1985: 10). Der Lehrer hatte es den Schülern selbst überlassen die Gruppen zu bilden.

Die Probleme, die hier in der ersten Phase entstehen, lassen sich auf zwei Ursachen zurückführen, die Arbeitsanweisung und die Gruppenbildung. Da Herr Boschmann, laut eigenen Ansagen, die Aufgaben nur „umreißt" entstehen nicht nur Verständnisprobleme über den Ablauf, sondern es wird sich später zeigen, dass es in der 5. Klasse zwei Gruppen geben wird, die am Thema vorbei gearbeitet haben. Meyer schlussfolgert diesbezüglich richtig: „Wer nicht weiß, wo er hin will, braucht sich nicht zu wundern, wenn er anderswo ankommt als gedacht!" (Meyer 2005: 257).

Neben den schon angesprochenen Hinweisen von Gudjons, sind weitere handlungsweisende Punkte nützlich für das Gelingen der ersten Phase. Dazu zählt zum einen die Präzession des Arbeitsauftrags, was die genaue Erwartung hinsichtlich der Quantität und Qualität der Ergebnisse, der zu verwendenden Arbeitsmittel und der Reihenfolge sowie Dauer der Handlungen beinhaltet (Nürnberger Projektgruppe 2007: 34f). Im besten Fall sind diese Punkte auf einer Handreichung für jede Gruppe noch einmal verfügbar, sodass sie sich auch während der Arbeit ohne Nachfrage an den Lehrer versichern können, dass sie auf dem richtigen Pfad sind. Eine andere Möglichkeit, die Verständlichkeit zu sichern, besteht darin, die Gruppen fragend ihre Arbeitsaufträge wiederholen zu lassen und gegebenenfalls die Aufgaben zu konkretisieren (vgl. Nürnberger Projektgruppe 2007: 35). Die erste Variante ist meines Erachtens aufgrund ihrer Permanenz sinnvoller und letztlich auch zeitsparender.

Dem zweiten Problem, dem der Gruppenbildung, lässt sich in Abhängigkeit der Klassenstruktur auf verschiedenen Wegen entgegenkommen. Dabei sollte man zum einen bestehende Freundschaftgeflechte, als auch Randschüler beachten (vgl. Meyer 2005: 258), womit eine gänzlich freie Gruppenbildung, wie bei Boschmann, ausgeschlossen wird. Des Weiteren ist bei der Zusammensetzung der Gruppe das heterogene Leistungsniveau der Schüler zu beachten. Abhängig von Intention und Inhalt können aber auch leistungshomogene Gruppen vorteilhaft sein (vgl. Gudjons 1993: 30). Will man nun all diese Faktoren beachten, müsste man zum einen die Gruppen „lehrerdiktatorisch" bilden und stünde andererseits vor der nicht zu bewältigenden Aufgabe, allen Kriterien gleich gerechtwerden zu müssen. Daher schlagen Gudjons wie auch Meyer vor, eine Mischform zu wählen, indem man den Schülern die Kriterien, vor allem die Integration von Außenseitern, bei der selbstständigen Gruppen-bildung ans Herz legt und eventuell korrigierend eingreift (vgl. Gudjons 1993: 30; Meyer 2005: 259).

Nachdem sich in Boschmanns Unterrichtsstunden die Gruppen gebildet haben, beginnt die eigentliche Gruppenarbeit, das, was Meyer den Hauptteil nennt (vgl. Meyer 2005: 243), welcher dann die letzten 35 Minuten der ersten Stunde ausfüllt. Anfänglich zieht sich Boschmann an sein Pult zurück und beantwortet nur kurze Fachfragen der Gruppen oder schlichtet bei den Jüngeren Streit (vgl. Boschmann 1985: 10). Nach einiger Zeit plagen ihn jedoch Zweifel und er beginnt im Klassenzimmer herumzulaufen um folgendes festzustellen: „Gehe ich ohne Aufforderung auf eine Gruppe zu, macht diese schnell dicht und steckt die Köpfe über den Arbeitsmaterialien zusammen" (ebd.: 11).

Dieses Lehrerverhalten, als auch die Reaktion der Schüler, ist leider typisch und zugleich dem Sinn der Gruppenarbeit, nämlich Selbstständigkeit und Konfliktfähigkeit zu fördern, konträr. Meyer bezeichnet dies als einVerhalten, das der Lehrer verlernen muss (vgl. Meyer 2005: 249). In der Erarbeitungsphase sollte sich der Lehrer bewusst zurückziehen. Dies gilt nicht nur für das Beantworten von Fragen, sondern auch für sein territoriales Verhalten. Er sollte nicht, wie Boschmann, auf die Gruppen zugehen, sondern die Zeit für Vor- oder Nach-bereitung nutzen. Dies gibt den Schülern mehr das Gefühl, auf sich selbst gestellt zu sein. Ergo fördert erdie selbstständige Erarbeitung (vgl. Nürnberger Projektgruppe 2007: 51). Dem gleichen Ziel folgt auch die Zurücknahme des Lehrers bei Fragen. Beantwortet Boschmann aufkommende Fragen direkt, empfiehlt die Fachliteratur, sich auf eine wissensfreie Modera-toren-Rolle zu beschränken, indem man mit seiner Antwort lediglich den Schüler in die Lage versetzt, sich selbst zu helfen (vgl. Meyer 2005: 248). Dies kann z.B. mit dem Hinweis auf Lexika, Duden oder das Lehrbuch geschehen. Dass die Schüler das Prinzip der Selbstständig-keit manchmal schon besser verstanden haben als der Lehrer, belegt folgende Schüleraussa-ge: „ Während der Gruppenarbeit soll der Lehrer durchaus beratend für die Schüler das sein, aber nicht krampfhaft zu korrigieren versuchen, [...]. Er soll nur dann kommen, wenn man ihn ruft" (Beatrix Kl. 13, in: Boschmann 1985: 11)

Die abschließende Phase der Auswertung wird als die schwierigste Phase des Gruppenunterrichts empfunden (vgl. Nürnberger Projektgruppe 2007: 65), was daran liegen mag, dass diese nur gelingen kann, wenn die beiden vorangegangen geglückt sind, somit die letzte Phase jene ist, die am häufigsten auf wackligen Fundamenten steht. Auch Werner Boschmann muss mit diesem wackligen Fundament kämpfen. Er lässt die Gruppen zunächst ihre Ergebnisse in kurzen Vorträgen á drei Minuten präsentieren und gibt drei weitere Minuten zur Diskussion. Während das bei den älteren Schülern funktioniert, überziehen die jüngeren häufig die Zeit. Dazu kommt, dass zwei Gruppen der fünften Klasse total am Thema vorbei gearbeitet haben. Boschmann gelingt es nicht die restliche Klasse in ihrem vernichtenden Urteil gegenüber dieser Gruppen zu bremsen: „Sie sehen doch, was die für einen Mist gemacht haben, wenn Sie denen jetzt alles richtig sagen müssen" (Mathias Kl. 5, in: Boschmann 1985: 11). Die Ausfälle werden von Boschmann anschließend schlechter benotet. Er bittet die Klasse zur Stellungnahme bezüglich seiner Notenvorschläge, begründet aber in der höheren Klasse seine Entscheidung, ohne die Note zu ändern, wobei die Jüngeren gar nicht darauf eingehen und ‚so Boschmann, bis zur Pause nur noch „meutern".Schließlich gibt er zu, dass ihm die Zusammenfassung der thematischen Gesamtzusammenhänge vor allem in der jüngeren Klasse schwer fällt und dass diese sowie die Bewertung aufgrund von Zeitnot sehr kurz geraten seien. (vgl. Boschmann 1985: 11)

Die Probleme, die hier zu Tage treten, belegen die vorangegangene Vermutung, dass die Auswertung wohl die schwierigste Phase des Gruppenunterrichts sei, was nicht alleinan derPräsentation nicht intendierter Ergebnisse liegt, sondern auch daran, dass dem Lehrer äußerst hoher Anspruch hinsichtlich der Sach- und Sozialkompetenz entgegengebracht wird (vgl. Nürnberger Projektgruppe 2007: 65ff). Zum einen muss der Lehrer die Zeit ökonomisch einteilen, was aber auch bedeutet, dass diese im Verhältnis zur Erarbeitungsphase stehen muss. Drei Minuten Präsentationszeit scheint mir dabei ziemlich kurz zu sein, zumal Gruppen oft größer sind und sich so nur wenige Schüler einbringen können. Gegenläufig dürfen die Beiträge auch nicht zu lang sein, da sonst die Aufmerksamkeit der Hörer darunter leidet. Weiterhin kann man diesem Phänomen auch durch abwechslungsreiche Symbolisierungsformen[3] entgegenwirken(vgl. ebd.: 67f). Anschließend ist es notwendendig, die Gruppen-

---

[3] Beispiele wurden als „Art und Weise der Vorstellung" am Ende des vorangegangen Gliederungspunktes genannt

ergebnisse für alle zu sichern. Dies kann u.a. durch eine Zusammenfassung des Lehrers, eines parallel entwickelten Tafelbildes oder durch Hausaufgaben geschehen (ebd.: 70). Boschmann hat mit der ersten Variante Probleme. Daher erscheint es mir sinnvoller eine solche Zusammenfassung nicht spontan, sondern bedacht erstellt erst in der nächsten Stunde zu präsentieren. Die dritte Schwierigkeit, die sich bei der Auswertung aufdrängt, ist die Leistungsbewertung. Die Frage ist, ob jeder einzeln oder die Gruppe im Gesamten bewertet werden soll. Dazu empfiehlt sich zum einen, nicht wie Boschmann, in Noten zu bewerten, sondern eventuell in Punkten oder in einem Barometer, das mehrere Versuche von Gruppenarbeiten einschließt (vgl. Gudjons 1993: 34). Auch sollten immer alle Phasen des Gruppenunterrichts in die Leistungsbewertung einfließen und nicht nur die Präsentation. Dabei ist Feingefühl vonnöten. Wenn man so direkt wie Boschmann vorgeht und Schüler, die schon von ihren Mitschülern abgestraft wurden, noch mit schlechten Noten belastet, dann entmutigt man diese sicherlich und fördert nur sehr bedingt das Gelingen nachfolgender Gruppenarbeiten.

Wie sich an diesem Fallbeispiel gezeigt hat, ist Gruppenunterricht sehr anfällig für Probleme. Neben den direkten Problemen, mit denen sich der Lehrer Werner Boschmann konfrontiert sah, bestehen jedoch weitere. So wird dem Gruppenunterricht immer wieder vorgeworfen, dass sogenannte Trittbrettfahrer, Schüler die sich nicht an der Gruppenarbeit beteiligen, bessere Noten erlangen, als dies in anderen Sozialformen der Fall wäre. Nach Boschmanns Hinweis auf das baldige Ende der Gruppenarbeitszeit notiert er hierzu Folgendes: „In einem Falle stürzt sich nach kurzer Besprechung ein Schüler mit hochrotem Kopf auf die Materialen, während die anderen mehr oder weniger unbeteiligt um ihn herum stehen" (Boschmann 1985: 11).

Dazu ist einerseits zu sagen, dass im Frontalunterricht solche Schüler in noch höherem Maße existieren, sie bei Gruppenunterricht nur deutlicher zum Vorschwein kommen. Andererseits ist es oftmals so, dass gerade Schüler, die sonst zurückhaltend sind, sich während der Gruppenarbeit eher einbringen. Die Nürnberger Projektgruppe stellte in ihren empirischen Untersuchungen sogar fest, dass „ die Wahrscheinlichkeit für das Auftreten dieses Phänomens im Unterrichtsalltag wesentlich geringer [ist], als von vielen Lehrkräften, in der Abwehr von Gruppenunterricht, häufig behauptet wird".

Über all den internen Problemen stehen dann noch externe Probleme des Gruppenunterrichts in der Institution Schule: „Schule ist nach wie vor auf Leistung einzelner in abprüfbarer und möglichst messbarer(!) Form zugeschnitten" (Fuhr 1992: 78).

Trotz des Alters dieses Zitats kann sein Inhalt durch meine eigenen Erfahrungen in den Praktika und als Schüler wie auch mit aktuellerer Literatur belegt werden (u.a. Nürnberger Projektgruppe 2007: 13). Des Weiteren zählt Fuhr Lehrpläne, Zensuren, 45 - Minuteneinheiten, räumliche Bedingungen, häufig wechselnde Lehrer und Fächer sowie gesellschaftlichen Druck nach Selektion durch Leistung in der Schule als störende Faktoren für den Lernbetrieb in Gruppen auf (vgl. 1993: 78).

Addiert man nun interne als auch externe Probleme ist die Diskrepanz, welche zwischen der mannigfaltigen Bearbeitung in der Fachliteratur und der realen Anwendung existiert, durchaus erklärbar. Gudjons fügt als weiteren Grund hinzu, dass die „verbreitete literarische Überhöhung und Idealisierung des Gruppenunterrichtes [...] eher abschreckt als motiviert" (Gudjons 1993: 17). Jedoch ist Erklärbarkeit noch keine Recht-fertigung. Daher sei an dieser Stelle auf die ersten Zeilen der vorliegenden Arbeit verwiesen. Die Chancen, die Gruppenunterricht bietet und die auch bei problembehafteter Verwirklichung zum Tragen kommen können, müssen Legitimierung genug sein, sich über die Probleme hinwegzusetzen und diese Sozialform anzuwenden, wo immer es möglich ist!

4. (k)eine Schlussbetrachtung

Die Auseinandersetzung hat gezeigt, welche Probleme bei Gruppenarbeit entstehen können. Sie hat aber auch gezeigt, dass diese Probleme durch richtiges Handeln verringert werden können. Darüberhinaus wurde festgestellt, dass diese Probleme die geringe Anwendung der Sozialform des Gruppenunterrichts erklärbar machen.

Jedoch sind diese Probleme nicht der eigentliche Grund für die in dieser Arbeit untersuchte Diskrepanz, sondern es ist die Spannung, die zwischen der Vermittlung des Lernstoffes und den sozialen Kompetenzen der Schüler besteht. Viele Lehrer fragen sich, wie Werner Boschmann, „ob Aufwand und Ergebnis denn in der richtigen Relation standen" (1985: 11). Meist kommen sie zu der Antwort, dass es wohl aufgrund der schlechten Ergebnisse und des hohen Aufwandes nicht so sei. Dies ist das Resultat daraus, dass das „Ergebnis", nachdem hier gesucht wird, nur nach den abgeprüften Lerninhalten beschrieben wird. Jedoch wird vergessen, dass selbst in Stunden, wie sie Boschmann gehalten hat und die inhaltlich ernüchternd erscheinen, dennoch Fortschritte auf der Seite der sozialen Kompetenzen gemacht wurden. Denn wer kann erwarten, dass Schüler solche sozialen Kompetenzen angeboren bekommen. Allein durch Übung können sie diese erlangen. Daher sollten Versuche von Gruppenunterricht, die auf inhaltlicherEbene enttäuschten, nicht davor abschrecken diese Unterrichtsform fortzusetzen. Nur durch regelmäßig praktizierten Gruppenunterricht wird es dem Lehrer möglich sein, eine Entwicklung der Kompetenzen zu beobachten und letztlich wird dann auch der Ertrag auf der fachlichen Seite wesentlich höher sein als bei anderen Sozialformen.

Schüler lernen so nicht nur Fachliches und Soziales, sondern es macht ihnen auch mehr Spaß als die gewöhnliche Plenumsarbeit, was die folgenden Zitate belegen: „Im Gegensatz zum Frontalunterricht können Schüler in der Gruppenarbeit viel kreativer sein, und man kann lockerer lernen" (Uta Kl. 13, in: Boschmann 1985: 10), „In der Gruppenarbeit hatten wir mehr Zeit gehabt, uns selbst mal was auszudenken, ohne dass(!) der Lehrer dauernd reinredet" (Daniela Kl.5, in: Boschmann 1985: 11). Spaß ist ein wesentlicher Mehrwert von Gruppenunterricht, der Schüler leichter als andere Sozialformen für ein Thema erschließen lässt.

Legt man das Augenmerk mehr auf Sozialkompetenz, dann erscheinen die Probleme, welche im vorangegangen Punkt betrachtet wurden, nicht mehr als abschreckend, sondern als Teil eines Entwicklungsprozesses. Aus dieser Betrachtungsweise heraus erklärt sich auch die

Theorie des „Kooperativen Lernens", das soziale Kompetenzen nicht nur als Ziel von Gruppenarbeiten sieht, sondern es zum gleichrangigen Gegenstand mit den Lerninhalten erhebt (vgl. Weidner 2003: 29). Dabei werden den Schülern v.a. ihre Verantwortung und die Notwendigkeit von Teamgeist nahe gebracht. Hierin liegt meines Erachtens ein wichtiger Schritt bei der Überwindung der Hemmnisse von Gruppenarbeit.

Was ergibt sich nun aus diesen Erkenntnissen für einen Lehramtsstudenten? Die Handlungsweisungen, die hier im Raum stehen – planvollen und zu gleich offenen Gruppenunterricht mit einem richtig handelnden Lehrer zu gestalten – unterscheiden sich keineswegs von den Forderungen, die sich bei Gudjons, Meyer und anderen finden lassen. Der Unterschied besteht jedoch darin, dass die Begründung dieser Handlung eine vordringlichere ist, nämlich der Anspruch einen Schüler zu begünstigen, der nicht nur in der Lage ist,Stoff zu einem bestimmten Zeitpunkt in einem bestimmten Umfang wiederzugeben, sondern einen Schüler, der sich durch soziale Kompetenzen und mit Hilfe einer Gruppe von Gleichaltrigen mit Freude am Lernen selbstständig Stoff erschließen kann.

Letztlich sollte dies Antrieb für mich sein, trotz institutioneller Schranken, innerhalb dieser Grenzen das mögliche hinsichtlich der Gruppenarbeit zu erreichen und mich für eine Ausweitungjener einzusetzen. Dafür gehört neben der Erfahrung, die noch zu sammeln ist, eine weitere stätige Aufarbeitung des Themas, z.B. in Form der Auseinandersetzung mit dem kooperativen Lernen, zu meinen Zielen.

Dabei bin ich mir bewusst, dass meine geringe Erfahrung mit Gruppenunterricht in der Lehrerrolle mich dazu nicht prädestiniert,lediglich durch eine fordernde Haltung nach kooperativem Gruppenunterricht und deren schülerorientierter Legitimierung automatisch erfolgreich zu sein. Dieses Idealkann jedoch als AntriebzurÜberwindung der Hemmungen vor Gruppenunterrichtfür jeden persönlich beitragen.

5. Literaturverzeichnis

Boschmann, Werner (1985): Gruppenunterricht in der Sexta und Oberprima: Ein Vergleich.In: Westermanns Pädagogischen Beiträgen, Heft 1, S. 10-11

Fuhr, Reinhard (1992): Gruppenarbeit: Ein trojanisches Pferd für die Schule. In: Handbuch Gruppenunterricht, hrsg. von Gudjons, H., 1993, Weinheim und Basel, S. 72 - 83

Gudjons, Herbert (1993): Gruppenunterricht: Eine Einführung in Grundfragen. In: Handbuch Gruppenunterricht, hrsg. von Gudjons, H., 1993, Weinheim und Basel, S. 12 - 53

Klafki, Wolfgang (1992): Lernen in Gruppen: Ein Prinzip demokratischer und humaner Bildung in allen Schulen. In: Handbuch Gruppenunterricht, hrsg. von Gudjons, H., 1993, Weinheim und Basel, S. 54 - 71

Lewin, Kurt (1953): Die Lösung sozialer Konflikte: Ausgewählte Abhandlungen über Gruppendynamik, Bad Nauheim

Meyer, Hilbert (2005): Unterrichts-Methoden: II:Praxisband,11. Auflage, Berlin

Meyer, Hilbert (2007): Was ist guter Unterricht, 4. Auflage, Berlin

Nürnberger Projektgruppe: Barth, Anne-Rose; Dann, Hanns-Dietrich; Diegritz, Theodor; Fürst, Karl; Haag, Ludwig; Rosenbusch, Heinz S. (2007): Erfolgreicher Gruppenunterricht: Praktische Anregungen für den Schulalltag, Stuttgart

Pallasch, Waldemar (1992): Gruppendynamische Hilfen bei der Kleingruppenarbeit. In: Handbuch Gruppenunterricht, hrsg. von Gudjons, H., 1993, Weinheim und Basel, S. 111 - 123

Weidner, Margit (2003): Kooperatives Lernen im Unterricht: Das Arbeitsbuch, Seelze-Velber